AF227117

LES

DERNIERS MOMENTS

D'UNE JEUNE FILLE

ou le

BONHEUR

D'UNE SAINTE MORT

NICE

Typographie, Lithographie et Librairie CHARLES CAUVIN, éditeur

6. — Rue de la Préfecture — 6.

1866

LES

DERNIERS MOMENTS

D'UNE JEUNE FILLE

ou le

BONHEUR

D'UNE SAINTE MORT

NICE

Typographie, Lithographie et Librairie CHARLES CAUVIN, éditeur

6. — *Rue de la Préfecture* — 6.

MDCCCLXVI.

LES

DERNIERS MOMENTS

D'UNE JEUNE FILLE

OU

LE BONHEUR D'UNE SAINTE MORT.

C'est encore tout ému devant l'action de la grâce aux derniers moments de Mademoiselle V***, que j'écris ces quelques lignes ; il m'a semblé qu'il était bon de faire partager à plusieurs, mes sentiments d'admiration et d'action de grâce, pour le Dieu qui a bien voulu rendre si visible son travail au plus intime d'une âme qu'il vient de réunir à lui. Jamais je n'ai si bien compris cette grande parole qui renferme, non-seulement toute sa providence au gouvernement du monde, mais aussi sa providence spéciale sur ses élus : Il atteint d'une extrémité à l'autre avec force, et il dispose tout avec suavité : *attingit a fine ad finem fortiter, suaviterque disponit omnia.* La force et la suavité se sont vraiment donné rendez-vous dans l'âme de cette chère malade. Elle a ressenti tout ce qui appartient à la force, c'est-à-dire à l'épreuve, à l'expiation et à la justice, et elle a toujours trouvé dans la suavité divine ce qui pacifie et console. Les souffrances, les terreurs, les déchirements du cœur permis par Celui qui atteint avec force, disparurent tour à tour sous l'action de Celui qui dispose tout avec suavité ; ce petit récit fera ressortir cette double action de Dieu dans les âmes fidèles.

Marie-Antoinette V***, était née à Sᵗ-Étienne, le 28 mai 1848. Comme je ne veux raconter que ce que j'ai vu de mes yeux, je laisse tout ce qui a précédé sa dernière maladie. J'indique seulement les circonstances les plus importantes de sa vie : elle passe ses premières années près de ses parents, et surtout près de sa bonne mère qui l'initie aux principes de haute foi et de tendre piété traditionnels dans sa famille ; à dix ans elle entre au pensionnat des Dames de la Visitation, à Sᵗ-Étienne ; elle y fait sa première communion, et après quelques années, pendant lesquelles elle sut se rendre chère à ses maîtresses et à ses compagnes, sa santé l'oblige d'en sortir pour continuer son éducation sous les yeux de ses parents avec une institutrice. La piété solide qu'elle puisa au couvent ne se démentit jamais dans le monde ; elle en a toujours ignoré les séductions et les dangers. Sa qualité principale était un excellent cœur, qui se traduisait par une docilité parfaite dans sa famille, et au-dehors par une tendre compassion pour toutes les souffrances. Un seul trait révélera sa charité pour les pauvres :

à l'âge de sept ans, elle venait de recevoir ses étrennes, tout à coup elle aperçoit par la porte entr'ouverte un petit malheureux qui demandait l'aumône, elle s'élance aussitôt vers lui, prend dix francs dans sa bourse nouvellement garnie, et les place dans la main de l'indigent, plus heureuse de les donner que lui de les recevoir.

La santé de Marie, déjà chancelante, s'était sensiblement altérée depuis trois ou quatre mois ; devant ces progrès du mal, les médecins décidèrent ses parents à la conduire dans le Midi. Elle passa d'abord quelques semaines à Montpellier, puis vint se fixer à Nice dans les premiers jours de décembre dernier. Le médecin qui la vit à son arrivée, conçut dès sa première visite les plus grandes inquiétudes, que partagèrent bientôt ses parents. C'est au milieu de ces premières angoisses que je fus conduit près d'elle ; elle acceptait avec résignation toutes ses souffrances, s'unissait fréquemment à Dieu par la prière ; mais elle était bien loin de penser à une mort prochaine. Je ne crus pas nécessaire de l'avertir encore du danger imminent de son état, j'aimai mieux en laisser en quelque sorte le soin à Notre-Seigneur, que je la décidai à recevoir dans la Sainte Communion. L'effet de cette délicieuse visite et l'Extrême-Onction qui la suivit, fut visible aux yeux de tous ; dès lors, Marie ne sera plus la même ; fidèle, innocente et pure jusque-là, elle s'élèvera désormais à la hauteur des plus sublimes vertus, de la patience, de l'amour et du sacrifice.

C'est maintenant qu'il faut l'étudier en détail, et contempler cette action combinée de force et de douceur que nous annoncions au commencement. L'épreuve qui avait sa source dans l'économie providentielle du Dieu fort fut vraiment complète ; tout ce qui peut assiéger une pauvre enfant malade semblait réuni contre elle : les souffrances les plus vives, les terreurs les plus étranges, les séparations les plus cruelles. Assistons à cette glorieuse lutte ; elle se mesure avec chacun de ces ennemis de son corps, de son âme et de son cœur, et elle remporte sur eux le plus complet triomphe.

Que dirai-je d'abord de ses douleurs ? Trois jours avant sa mort, elles parurent surtout intolérables ; nous n'oublierons jamais ses angoisses au milieu desquelles nous l'avons trouvée le jeudi matin : assise sur son lit, elle faisait les plus douloureux efforts pour contenir une respiration qui lui échappait. La bouche ouverte, les mains tendues et crispées, le corps dans une incessante agitation, tout en elle révélait d'inexprimables douleurs ; les étouffements se répétaient à chaque minute, le remède du médecin, les soins de sa mère, l'éventail qu'on agitait devant elle pour suppléer à l'air qui semblait lui manquer, tout était inutile ; elle paraissait rendue au moment suprême de l'agonie. Je m'approchai d'elle en ce moment : « Vous
» souffrez beaucoup, mon enfant, lui dis-je, mais si vous
» saviez combien méritoires sont vos souffrances !.....
» Voulez-vous faire avec moi un acte d'entière acceptation ?
» — Oui, Marie, s'écrie sa mère qui ne la quittait pas un
» instant, accepte, ma fille, et disons tous ensemble : Que
» votre volonté se fasse, Seigneur, et pas la mienne ! » Et

cet enfant, obéissant à l'instant, répétait avec des paroles entre-coupées : « J'accepte..... j'accepte tout..... votre » volonté, Seigneur, et pas la mienne ! »

Cet état durait depuis plusieurs heures ; l'excellent docteur Chargé se présenta pendant cette crise, et il se retira en me disant : Je n'ai jamais vu un spectacle aussi déchirant et aussi attendrissant à la fois ! Il était près de neuf heures, je dus quitter cette chère malade pour aller dire la Sainte Messe. Malgré la solennité de l'Adoration dont nous célébrions le troisième jour, j'offris pour Marie l'Auguste Sacrifice, et je me hâtai de retourner pour connaître l'issue de cette affreuse crise. La victoire sur la douleur avait été remportée, l'acceptation unie aux mérites de Notre-Seigneur avait fait succéder la paix à l'angoisse ; « Merci, me dit-elle, en me voyant..... vous avez dit la » Messe pour moi, je l'ai bien senti..... je souffre, mais je » suis calme, et je sais que je n'aurai plus de crise. »

Alors elle laissa un cours enfantin à sa piété, elle prenait ses médailles qu'elle baisait l'une après l'autre, elle serrait sur son cœur son scapulaire, pressait dans ses mains son Crucifix, répétait des actes de contrition et d'amour. Nous étions tous frappés de ce changement ; sa grand-mère, sa mère, son oncle, son frère et ses sœurs, malgré leur douleur, ne pouvaient s'empêcher de bénir le Dieu qui mêle tant de suavité à sa divine force.

Mais ce n'est là que le commencement des luttes : aux épreuves du corps devaient succéder celles de l'âme. Après une vie si pure, ne devait-on pas espérer que Marie ne connaîtrait aucune des terreurs de la mort et des jugements ? Mais le Seigneur voulut lui ménager ce combat pour augmenter sa couronne ; elle put dire, comme le Prophète : « Les craintes de la mort m'ont environnée. » La pensée de mourir si jeune la faisait frémir tout entière : « Que Dieu m'accorde la vie, disait-elle au milieu de cette » épreuve, je le servirai si bien ! j'élèverai de petites » orphelines..... Je ne puis mourir loin de mon pays ! » Toutes les aspirations de la vie se réveillaient en elle ; elles prirent surtout, le matin du 1er février, une intensité suprême. Mais ce qui la bouleversait au-dessus de tout, c'était l'effroi du jugement de Dieu : « Mon père, me disait-» elle au milieu de cette agitation extrême, je vais donc » être jugée ! Oh ! comme j'ai peur ! Le jugement général » ne m'effraye pas tant... mais le jugement particulier.... » que dirai-je ? que répondrai-je ? moi si petite et si » misérable ? » Je lui répondis avec une affirmation pleine d'autorité : « Mon enfant, vous ne serez pas jugée, il n'y » a de jugement que pour ceux qui ne sont pas trouvés » en Notre-Seigneur ; nous jugerons nous-mêmes les » anges, dit Saint-Paul ; votre jugement consistera à » trouver les bras de Notre-Seigneur ouverts pour vous » recevoir, et à entendre de sa bouche ces délicieuses » paroles : Venez, la bénie de mon Père. » Elle écoutait avec joie, mais ne se rendait pas encore : « Vous oubliez le » Purgatoire, reprit-elle avec force, je vais être condamnée » à y passer bien des années, je tremble devant ces » souffrances. » — « Ayez confiance, mon enfant, le

» Purgatoire se fait, je l'espère, maintenant pour vous,
» chaque minute acceptée vaut des années entières d'expia-
» tion. » — « Mais les plus grands Saints ont passé par le
» Purgatoire, Sainte-Thérèse elle-même a dû y souffrir
» quelque temps, on me l'a dit. » — « C'est entièrement faux
» mon enfant, Sainte-Thérèse est allée droit au Ciel, et la
» plupart des Saints que l'Église vénère ont ignoré les
» tourments du Purgatoire. » — « Je compte donc sur
» vous, mon père, vous ne m'y laisserez pas longtemps ; je
» veux que toutes les messes d'aujourd'hui soient dites
» pour les âmes qui souffrent encore ; votre première
» messe après ma mort sera bien pour moi. »

Elle exprima les mêmes sentiments, les mêmes terreurs
et fit les mêmes prières à sa mère et à son frère. J'attendis
un moment, et m'approchant d'elle de nouveau : « Com-
» ment êtes-vous maintenant ? » — « Oh ! merci, tout
» est fini, je suis dans un calme parfait, je n'ai plus peur
» de rien, je m'abandonne sans réserve à la divine misé-
» ricorde. » Et en disant ces paroles, elle avait sur son
visage et dans ses yeux une sérénité angélique.

Restait encore la troisième lutte ; avec le bon cœur de
Marie et l'amour qu'elle avait pour sa famille, ce ne fut pas
la moins terrible. Elle sentit toute l'amertume de cette
douloureuse séparation, elle appela elle-même près d'elle
sa mère et ses parents : « Je veux vous dire adieu à tous ;
» ce qui m'attriste, ce n'est pas de mourir, j'ai fait à Dieu
» le sacrifice de ma vie, mais c'est de vous quitter, je vous
» aime tant !... nous aurions pu passer encore quelques

» années bien tranquilles. » Puis, prenant son frère et l'embrassant : « Adieu, mon cher Félix, que j'ai tant aimé, » qu'il est dur de se séparer ! » C'était le vendredi 2 février, le jour de la Purification de la Sainte-Vierge, j'arrivai près d'elle au moment où s'achevait cette scène déchirante ; le bon Dieu voulait bien accorder à la présence du prêtre un effet spécial de bénédiction et de grâce. A peine lui eus-je dit quelques mots du mystère de l'Église, du sacrifice de la Sainte-Vierge, du bonheur du saint vieillard Siméon qui ne voulait plus vivre après avoir vu Jésus, qu'une paix ineffable, je ne dis pas assez, qu'une joie divine inonda son âme. Le sacrifice était consommé, la lutte achevée, la victoire complète.

Depuis ce moment, elle ne parut plus tenir à la terre, sa chambre fut une école de haute foi ; tout était simple encore dans ses paroles, mais elles étaient revêtues d'une simplicité sublime. Elle voulut elle-même se dépouiller de tous ses bijoux et de son argent ordinaire ; elle en fit, avec une présence d'esprit et une abnégation admirables, la distribution à son frère et à ses sœurs : « Je veux mourir pauvre, » disait-elle, et détachée de tout. » Elle fit ensuite ses recommandations, et n'oublia personne ; elle dit à son frère : « Sois toujours sage, mon cher Félix, prends garde, » en faisant ton droit, au monde et à ses dangers. » Elle rappela à ses sœurs l'obéissance qu'elles devaient à leur mère, et, au milieu des paroles les plus affectueuses, les conjura de ne pas la quitter et d'être toujours sa consolation. Puis, se tournant vers cette bonne mère qui fondait

en larmes : « Ne pleurez pas, maman, je ne vous quitte que
» pour quelques instants, nous serons bientôt tous réunis
» dans le Ciel ; il me tarde de revoir mon petit frère et mon
» père, vous y viendrez aussi. » — Oui , ma chère Marie,
» reprenait sa mère, je veux te rejoindre bientôt. » —
« Oh ! maman, pas encore, soignez - vous bien, que
» deviendraient mes sœurs sans vous ? Mais surtout élevez-
» les bien chrétiennement, pour que nous nous retrouvions
» tous au Ciel. Le temps vous paraîtra bien long à vous,
» mais moi je n'en sentirai plus la durée, on dit que c'est
» si beau au Ciel.... »

Elle passa ainsi la journée du vendredi au milieu du
calme le plus grand et le cœur rempli des aspirations les
plus ardentes, elle n'était pas un seul moment sans prier,
elle se faisait lire les litanies de la Sainte-Vierge, du Saint
Nom de Jésus, de Saint-Joseph. « Comment faire, me
» dit-elle dans la soirée, pour ne perdre aucun mérite ? »
— « Continuez comme vous faites, mon enfant ; abandon-
» nez-vous tout entière et sans réserve entre les bras de
» Notre-Seigneur, tenez-vous en même temps devant lui
» bien humble et bien petite. » — « Mais apprenez-moi
» une prière que je dirai souvent. » — « Eh ! bien , mon
» enfant, celle-ci : Mon Dieu et mon Sauveur , comment
» daignez-vous regarder un petit vermisseau comme moi?
» Quel bonheur de souffrir pour vous ! » — « Oh !
» merci ! » Et aussitôt, joignant ses mains, elle répéta ces
paroles ; et depuis elle les redisait sans cesse. Quelquefois
sa mère lui demandait ce qu'elle prononçait tout bas : « Je

» fais la prière que le père m'a apprise, pour être bien
» humble et bien petite. » En effet, l'humilité avait tout à
coup grandi dans son âme ; voyant sa mère étouffée par des
sanglots : « Oh ! pauvre maman , ne vous affligez pas de
» ma mort ; vous ne devez pas bien me regretter, je ne
» vous aurais guère fait honneur plus tard, je n'aurais
» jamais brillé dans le monde. »

Au milieu de ces admirables sentiments , elle s'occupait
de tout , elle régla elle-même les dispositions à prendre
après sa mort : « Vous m'habillerez très modestement ;
» un prêtre m'accompagnera à St-Étienne , et on me fera
» un tombeau très simple, près duquel vous viendrez
» prier souvent. »

Tout était préparé pour le bonheur de Marie, elle n'avait
plus qu'à se réunir à son Dieu ; elle désirait mourir ce
jour-là même, consacré à la Purification de la Sainte-Vierge;
aussi, elle demandait l'heure à chaque instant, espérant
quitter la terre avant minuit. Malgré sa respiration de plus
en plus haletante, elle priait toujours : « O mon Sauveur,
» disait-elle, en serrant dans ses mains son Crucifix , ce
» n'était pas à vous de souffrir, mais bien à moi , qui vous
» ai tant offensé ; oh ! comme il me tarde d'aller auprès
» de vous ; mais si vous trouvez que je n'ai pas assez
» souffert, je consens à souffrir encore pendant trente
» jours. » Elle s'adressait ensuite, tour à tour, à
Saint-Joseph , à Saint-François-Régis et à son bon ange ;
elle avait sans cesse sur les lèvres le Saint Nom de Marie :
« Vierge Sainte, disait-elle , qu'attendez-vous donc pour

» venir me chercher? Venez, venez, ô ma mère ! »
Minuit allait sonner... tout à coup, un rayonnement
céleste brille sur son visage, ses douleurs cessent, elle
joint respectueusement les mains et son regard paraît
ardent et attentif : « Qu'as-tu, Marie ? » lui demanda
sa mère. — « Chut ! lui répondit-elle, je vois la
» Sainte-Vierge, accompagnée de Saint-Joseph et de
» Saint-François-Régis. » Madame V*** se met à genoux
et, après un léger intervalle : « La Sainte-Vierge m'a
» dit d'attendre un instant, qu'elle allait me chercher
» une robe blanche pour me présenter à son fils, » et
quelques minutes plus tard... : « La Sainte-Vierge est
» revenue, elle m'a dit : attendez encore, mon enfant, ce
» ne sera pas pour aujourd'hui, mais ce sera certainement
» pour demain. »

C'était en effet le lendemain, samedi, que sa belle âme
devait prendre son vol vers le Ciel. La nuit se passa au
milieu de continuelles aspirations vers Dieu. J'arrivai le
matin vers huit heures, je la trouvai dans une paix ineffable,
la respiration était pénible, mais la crise du jeudi ne reparut
pas, comme Marie l'avait annoncé. Elle répondit à toutes
mes questions, et se confessa une dernière fois de toutes
les fautes de sa vie, avec un calme parfait et des détails
aussi précis que si elle s'était confessée à l'église. Après
l'absolution, je lui confiai la douleur que je venais d'avoir
près d'une jeune fille qui était morte tout d'un coup, avant
que j'eusse pu lui donner les Sacrements : « Ah ! remerciez
» donc Notre-Seigneur pour moi, mon Père, je suis bien

» plus heureuse, je me sens prête à partir malgré mon
» indignité. » Je pris congé d'elle à neuf heures moins
un quart, mon émotion était extrême, je sentais que je
ne la reverrais plus : « Vous ne m'oublierez pas, mon
» enfant, lui dis-je, à peine maître de mes larmes, je veux
» être un Saint à tout prix. » — « Comment pourrai-je
» vous oublier, mon Père, je vous promets de prier sans
» cesse pour vous, quand je serai dans le Ciel… »

Je me retirai ; rentré à la Charité, je me reprochai de
ne pas lui avoir recommandé de prier aussi pour les œuvres
dont je suis chargé, et en particulier pour l'Église de
Notre-Dame que je fais construire. Je me hâtai d'écrire
deux lignes à sa mère pour qu'elle voulût bien lui faire
cette recommandation ; mais, il était déjà trop tard, deux
minutes après mon départ, au milieu de ses prières, elle
dit à sa mère qu'elle allait s'endormir pour ne plus se
réveiller ; elle prit aussitôt de l'eau bénite, et fit sur elle le
signe de la Croix ; puis, comme pour se lever, elle étendit
les mains jusqu'à sa mère et expira doucement dans ses
bras.

J'étais déjà revêtu des ornements sacrés, quand on vint
m'annoncer cette précieuse mort ; alors, comme elle l'avait
si instamment demandé, il n'y eut aucun intervalle entre
son dernier soupir et la messe que je célébrai pour elle.
J'ai la ferme confiance que pendant le Saint-Sacrifice,
Notre-Seigneur l'a purifiée de ses dernières taches et l'a
faite entrer dans sa joie à jamais.....

Je m'arrête ici, je ne dirai rien de la douleur résignée

de ses parents, de l'impression produite au-dehors par tous ceux qui ont appris les détails de cette fin précieuse , du concours de toute la colonie étrangère à ses obsèques.... tout autre parole serait superflue.

Recueillons-nous devant ce grand enseignement et ce bel exemple, soyons fidèles, et sachons compter sur Dieu au moment suprême. Ceux qui ont le plus redouté la mort voient souvent, à son approche, s'évanouir toutes leurs terreurs et s'endorment dans la paix et la confiance.

Que mon âme meure de la mort des justes, et que ma fin leur soit semblable.

A. L., Vic.-gén.

Le 15 Février 1866.

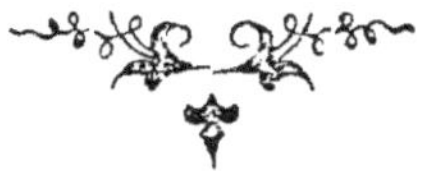

www.ingramcontent.com/pod-product-compliance
Lightning Source LLC
Chambersburg PA
CBHW051155050726
47594CB00007B/2910